Editorial Deméter© 2025 Todos los derechos reservados.
C/ Melendro, 5 Oficina B Edificio Ponce de León
Valladolid 47014

Primera edición en Editorial Deméter, octubre de 2025
Derechos exclusivos de esta edición Editorial Deméter©
Texto original Charles Nodier traducido y adaptado por Esteban Moreno.
Derechos del texto del prólogo Santiago Lucendo Lacal©
Ilustraciones: Sergio Arranz©

Maquetación: Estela Labajo Duque
Revisión del texto: Pedro Ojeda y Editorial Deméter
Impreso en Madrid por Safekat S.L.

ISBN: 978-84-125494-8-5
Depósito Legal: VA 203-2025

# El Vampiro

Ilustrado por
Sergio Arranz

Editorial Deméter
2025

# Prólogo

*Santiago Lucendo Lacal*

*The Vampyre:* De Villa Diodati al Teatro de la Cruz

Cuando lord Byron lo contrató como médico personal, John William Polidori apenas contaba con experiencia profesional. Tenía veinte años y había concluido sus estudios en Medicina unos meses antes. Eran otros tiempos.

Fascinado ante la posibilidad de emprender viaje por Europa junto al más famoso (y controvertido) poeta del momento, Polidori unió su destino al del lord, dando así comienzo a una relación dañina, tóxica diríamos hoy. Ni Byron ni el joven médico escucharon las advertencias que amigos y familiares les hicieron. El lord humilló y se burló de William en cada ocasión que se le presentaba, se quejaba por el carácter de su asistente y a punto estuvieron de dirimir sus diferencias en un duelo. Esta situación, sin embargo, dio un dulce fruto: la primera novela anglosajona en la que se materializa el estereotipo del vampiro aristocrático, modelo para autores como Sheridan Le Fanu o Bram Stoker. Polidori pasaría a la historia de la literatura universal siendo el creador de un mito que fue adquiriendo rasgos propios a lo largo del siglo XIX y que se hizo inmortal en el XX. La vida tiene esas ironías.

*The Vampyre* fue reconocido como un hito narrativo desde el comienzo y prueba de ello es que, pocos meses después de su publicación en Inglaterra, otro autor del género gótico, Charles

Nodier, lo utilizó de base para su *El Vampiro, melodrama en tres actos.* Aunque los primeros pasos de la novela de Polidori estuvieran llenos de tropiezos.

Pero volvamos al principio de esta historia...

Estamos en 1816. Los viajeros escoceses se habían establecido en Suiza, en una finca llamada Villa Diodati junto al lago Leman y próxima a Ginebra. Aquel año fue conocido como «el verano que nunca llegó» debido a las bajas temperaturas que se dieron en el continente causadas por la capa de ceniza procedente de la erupción del volcán Tambora en Indonesia. En una de las frías jornadas de ese estío tuvo lugar el ya mítico encuentro entre Percy B. Shelley, Mary Godwing (pronto Shelley), Claire Clermont, Polidori y el anfitrión, lord Byron. Los presentes leyeron un viejo tomo de cuentos alemanes titulado *Fantasmagoriana, ou Recueil d'Histoires d'Apparitions*, y Byron lanzó un reto: que cada uno escribiera una historia de terror inspirada en esas historias góticas.

Más tarde, en 1831, cuando casi todos sus compañeros de Villa Diodati ya habían muerto, Mary Shelley recordaba en el prólogo de una nueva edición de *Frankenstein* cómo había surgido el desafío que dio origen a su famosa novela. También señalaba que Byron abandonó el proyecto de escribir algo sobre fantasmas y que este esbozo le sirvió, tiempo después, para alegar que él no era el autor de The Vampyre. De poco valió esta confesión, ya que durante casi un siglo se le atribuyó la autoría del relato.

Hoy no cabe duda de quién fue el artífice de esta mítica novela, el médico y espía del lord Byron. Y es que Polidori, en secreto, tenía otra misión encomendada por el editor del poeta: registrar en un diario todas sus acciones, comentarios y encuentros, tanto buenos como malos, propios o ajenos. Tal era la fama de Byron que todo lo relacionado con él era susceptible de ser publicado, bien como material literario bien como chismorreo. Estas notas, su experiencia personal y, se dice, el desafío de una dama llevaron a Polidori a redactar *The Vampyre*, que vio la luz el 1 de abril de 1819 en el número 63 de *The New Monthly Magazine*. Con toda la mala intención, el responsable de esta publicación, que pasaba por horas bajas, atribuyó a Lord Byron la autoría y añadió un breve texto de dudosa veracidad sobre el viaje y una introducción al origen de los vampiros. El éxito fue definitivo. Además de resucitar la revista, la historia de Lord Ruthven se extendió como la pólvora. De nada sirvió que el poeta enviara una carta al editor Galignani avisando del error. En esta misiva protestaba y declaraba que no era el responsable del texto, los vampiros no le agradaban; y tampoco tenía el propósito de revelar los secretos que conocía sobre estos seres.

Por supuesto esa carta apareció publicada también como un inserto en una edición de sus obras completas, pero la autoría seguía sin ser corregida. Por su parte, Polidori, hizo llegar un desmentido a la publicación que vio la luz en la siguiente entrega. Asumía ser el creador y señalaba que, aunque inspirado en un fragmento de Byron, el desarrollo de la novela era suyo. Se da la paradoja de que en el mismo número en que afirmaba su autoría, en la sección «Nuevas Publicaciones» aparecía un pequeño anuncio de un volumen en octavo titulado *The Vampyre, a tale…* by lord Byron.

A pesar de todos estos intentos de aclarar quién era el verdadero creador de la historia, el mal estaba hecho y el relato del vampiro Ruthven y del inocente Aubrey circuló como si fuera del poeta y no del médico. Editores sin escrúpulos y ávidos lectores encontraban en *The Vampyre* la combinación de terror y chismorreo perfecta. Sirva de ejemplo lo que, hoy en día, podemos encontrar en la Biblioteca Nacional de España: las tres ediciones decimonónicas que se conservan, y que se publicaron después del estreno de la comedia de *El vampiro* en Madrid, atribuyen su autoría a Byron.

En parte debido a esto, en muy breve tiempo *The Vampyre* llegó a Londres, después a París y, un poco más tarde, a Madrid. En las principales capitales europeas, tras haber recibido noticias durante un siglo sobre un extraño fenómeno llamado vampirismo y que se había originado en el este de Europa, encontraron en el relato la continuación perfecta del folklore oriental adaptado a la literatura y el entretenimiento. Uno de los primeros fascinados con esta historia fue el erudito bibliotecario francés Charles Nodier que primero la tradujo y luego la adaptó al teatro. Posteriormente llevó a cabo una continuación de la historia de lord Ruthven, al más puro estilo fan. Absorbido por el goticismo, y continuando con esta fascinación por los chupasangres, publicaría una antología titulada *Infernaliana*, una verdadera joya llena de «Anécdotas, novelas breves, novelitas y cuentos sobre aparecidos, espectros, demonios y vampiros» que retoma las leyendas heredadas de los siglos anteriores, llenos de epidemias de vampiros, y más literarias que el tratado de Calmet.

La versión teatral de Nodier se estrenó en París el 13 de junio de 1820 en el teatro de la Porte-Saint-Martin, con el conocido actor Philippe, el primero en interpretar a un chupasangre en los escenarios (un Bela Lugosi del XIX), y a partir de ese momento se inició la moda del teatro de los vampiros que Anne Rice recuperó en algunas páginas de *Entrevista con el vampiro*. Ese verano de 1820, cada espacio escénico alimentó con sangre a los sedientos espectadores de los palcos parisinos hasta saciarlos con numerosas producciones. Un par de meses después, el 9 de agosto, la llama prendió también en Londres con el estreno en la Royal English Opera House de *The vampire, or the bride of the isles* de J. R. Planche. Una obra que toma como punto de partida el mismo texto y entorno que el creado por Nodier.

El francés sitúa a sus personajes en las Hébridas, recreando una escenografía que mostraba el peculiar paisaje de la isla de Staffa y, en especial, de la cueva de Fingal con sus características formaciones rocosas descritas en el libreto del melodrama *El Vampiro*. Asimismo, quizá para justificar ese traslado a Escocia, recoge elementos de la mitología gaélica narrada por el supuesto bardo Ossian en las tierras altas, una falsificación que elaboró McPerson en el siglo XVIII y que todavía fascinaba a artistas y espectadores a principios del XIX. El interés por Ossian, típico del incipiente romanticismo, se refleja en las obras de pintores en la estela de J. L. David como Gerard o Girodet o en El sueño de Ossian de Ingres, donde vemos cómo el rapsoda sueña los mitos junto a la costa. De Ossian proceden precisamente los nombres de Malvina y Oscar. Además, Nodier, en su fantasía ecléctica, introduce otros seres maravillosos como Ithuriel (aquí Iturriel, el genio de la Luna). Este es un ángel que ya estaba presente en Paraíso perdido de Milton. Era el encargado de descubrir a Satán, que se oculta en el jardín del Edén disfrazado de sapo y que termina ensartado en su Lanza de la Verdad, capaz de revelar al ser monstruoso.

Así es como Nodier creó un popurrí fantástico, aprovechando el tirón de Ossian, Milton, Byron y los vampiros y desde ahí, desde París y Londres, llegó al Teatro de la Cruz en Madrid. En su imaginario caben todos los ángeles y demonios, que potenció con numerosos efectos visuales y escenografías espectaculares, eso sí, también modificó el amargo final para el completo deleite del público, que no habría tolerado un desenlace tan trágico como el que sucede en el relato de Polidori. En la historia original, el joven Aubrey fascinado por el interesante lord Ruthven se embarca en un Grand Tour con el vampiro, sin saber que el héroe de sus fantasías pronto se va a convertir en el protagonista de sus pesadillas. Teniendo en cuenta el desencanto de Polidori con respecto a Byron, que lo humilló y despreció con frecuencia durante su viaje, no es extraño que desde las primeras ediciones se haya realizado una lectura biográfica, donde el corruptor lord se opone al inocente Aubrey, además de que el propio nombre de Ruthven lo había tomado de la novela de lady Caroline Lamb *Glenarvon* (1816), en la que el personaje homónimo era un claro reflejo crítico del poeta.

La novela fundacional del vampirismo europeo es un relato amargo, trágico y, en cierto modo, realista al mostrar un espectro que se alimenta de la sangre y la energía de sus víctimas. Con elementos sobrenaturales, *El vampiro* de Polidori mostraba el desencanto (y desengaño) de un joven idealista que descubre la realidad que se escondía tras la mirada gris y seductora de su ídolo. Lord Ruthwen/Lord Byron se paseaba por los salones elegantes de la alta sociedad acumulando presas a su paso. Un personaje ficticio y real que era un verdadero monstruo, encantador, admirado y despreciable. Polidori había desvelado la verdad en una novela que le hizo tan famoso como a su acosador.

En parte pudo vengar las humillaciones y burlas de las que fue objeto cuando Byron se refería a él como el pobre "Polly Dolly". Pero solo en parte, porque la vida del joven médico terminó en tragedia. ¿Hasta qué punto contribuyó ese desencanto al terrible desenlace que lo llevó al suicidio el 24 de agosto de 1821? Nunca lo sabremos. Lo que sí sabemos es que, de haber vivido unos meses más, quizá con suerte habría tenido noticia del estreno de cierto melodrama sobre un vampiro presentado en el Teatro de la Cruz de Madrid, y puede que hubiera sonreído, disfrutando su éxito y su venganza literaria. No en vano, parece ser que Goethe llegó a decir que *The Vampyre* era lo mejor que había escrito Byron.

Santiago Lucendo Lacal
Madrid, julio de 2025

### Referencias

MacDonald, David Lorne: *Poor Polidori. A Critical Biography of the author of The Vampyre.* University of Toronto Press, Toronto: 1991

Ospina, William: *El año del verano que nunca llegó.* Mondadori, Barcelona: 2015

Polidori, John William: *El vampiro.* [Varias ediciones] [1819]

Rosseti, William Michael: *The Diary of John William Polidori, 1816.* E. Mathews, London, 1911. Disponible en Proyecto Gutenberg.

Shelley, Mary: *Frankesntein o el moderno Prometeo.* [Varias ediciones] [1818]

Stuart, Roxana: *Stage Blood. Vampires of the 19th-century Stage.* Bowling Green State University Popular Press, 1994.

Ver la isla de Staffa en Google maps.

# El Vampiro.

## Melodrama

### en tres Actos
### con un Prologo.

| *Personajes* | *Actores (1821)* |
|---|---|
| ÓSCAR<br>genio de los casamientos | Rafael Pérez |
| ITURRIEL,<br>genio de la Luna | Tallier |
| ESPECTRO/LORD RUTEN,<br>conde de Marden | Juan Carretero |
| SIR OBRAY | Martínez |
| LADY MALVINA OBRAY | Antera Baus |
| BRÍGIDA,<br>aya de Lady Malvina | Virginia |
| SCOPP | Cubas |
| EDGAR | Ramón |
| CLARITA | Paz |
| PETERSON | Prats |

Jóvenes (mujeres y hombres)
Vampiros y fantasmas que no hablan

# Prólogo

*La obertura representa una tempestad.*

*Al levantar el telón, aparece el cielo oscuro y todos los objetos confusos se van aclarando lentamente. El lugar de la escena es una gruta de basalto cuyos largos prismas terminan en ángulos desiguales hacia el cielo. El fondo de la escena está descubierto. El recinto de la gruta está sembrado de sepulcros de diversas formas, columnas, pirámides y cubos tosca y groseramente labrados. Más inmediato a los espectadores, sobre un sepulcro, una joven recostada y sumergida en un sueño profundo tiene la cabeza en un brazo, cubierta con sus cabellos y un velo.*

*Al lado opuesto está sentado* Óscar. *Se levanta y recorre la escena con inquietud. La luz se ha ido extendiendo progresivamente. El ángel de la luna,* Iturriel, *vestido con un ropaje blanco, se dirige a* Óscar.

Iturriel:

—¡Qué veo! ¡Eres tú, amado Óscar! Tú, genio protector de los casamientos, en este lugar horrible que yo mismo no alumbro sin recelo. Sí, de cuantas escenas lúgubres y nocturnas disipa el horror el astro que conduzco, ninguna me causa tanto temor como la inmediación de las grutas de Staffa. Cuando los primeros rayos de la luna se estrechan contra la resplandeciente blancura de las nieves que cubren las cimas de Caledonia, me estremezco a pesar mío y el aspecto de estas tumbas me llena de un terror que aún no he podido explicar.

**ÓSCAR:**

—Gracias te sean dadas, Iturriel. Tu llegada me consuela y tranquiliza. Mas es fuerza decirte qué cuidado me ha traído aquí. ¡Vuelve una mirada a este sepulcro!

**ITURRIEL:**

—¡Qué miro! ¡Una joven durmiendo en este paraje donde todo respira inquietud y terror!

**ÓSCAR:**

—Aún no lo sabes todo. Esta joven es miss Obray, la más hermosa y más rica heredera de Escocia. Mañana ha de dar su mano al conde de Marden, que posee en el continente de Escocia vastos y pingües territorios, y que vuelve de recorrer Europa, donde se ha dado a conocer por la brillantez de su talento y la perfección de sus cualidades.

**ITURRIEL:**

—¿Y qué extraño acontecimiento la ha extraviado en estas soledades?

**ÓSCAR:**

—El conde de Marden, no llega hasta mañana. Miss Obray acompañaba en la caza a su hermano cuando se levantó la tempestad terrible que con tanto trabajo han disipado tus primeros rayos.

**ITURRIEL:**

—¿Tú eres entonces quien la ha salvado? ¡Ah! Ese cuidado es digno de ti, pero ¿no podré saber qué es lo que hacías entre los hielos de Staffa?

**ÓSCAR:**

—Ningún lugar de la tierra puede llamar mi atención antes que este cuando media un casamiento y cuando la inocente esposa, ignorando los infortunios que la aguardan, está a punto de caer desde los brazos del amor en los de la muerte.

**ITURRIEL:**

—Explícate más. ¿Será cierto que tal vez fantasmas horribles vienen bajo la apariencia de los derechos del himeneo a degollar una tímida doncella y saciarse con su sangre?

**ÓSCAR:**

—Sí, esos monstruos se llaman vampiros. Un poder, cuyos irrevocables decretos no me es lícito examinar, ha permitido que ciertas almas funestas, condenadas a los tormentos que han merecido por sus crímenes en la tierra, gocen de esa espantosa facultad que ejercen por lo común en la cuna y en el tálamo virginal. A veces se presentan con el asqueroso aspecto que les dio la muerte y, a veces, con más privilegio porque su carrera es más breve y su porvenir más espantoso, logran revestirse de las formas que perdieron en la tumba y aparecen a la luz de los vivientes bajo el aspecto de los cuerpos que otro tiempo animaron.

**ITURRIEL:**

—¿Y sin duda perseguían a esta joven desventurada?

**ÓSCAR:**

—Las sombras errantes de los vampiros, dispersas entre las nubes de la noche, aumentaban con sus clamores el estrépito de la tempestad. Algunas voces insidiosas lanzadas por intervalos extraviaron sus pasos hasta las grutas de Staffa; iba ya a precipitarse en ellas para buscar asilo contra la tempestad cuando mis miradas cayeron sobre ella y al punto la seguí para salvarla.

**ITURRIEL:**

—¿Y han venido ya los monstruos?

**ÓSCAR:**

—La primera hora de la mañana los despierta en sus sepulcros y así que todos los ecos del golpe sonoro han expirado en la montaña, vuelven a caer innobles en su mansión eterna. Solo hay uno entre ellos sobre el cual mi limitado poder… ¡Mas qué digo! El destino mismo no puede revocar sus decretos; por fin, el vampiro, después de llevar la tribulación a veinte países diversos, siempre vencido, siempre vivo y cada vez más sediento de la sangre que conserva su horrible existencia… de aquí a treinta y seis horas, a la primera de la tarde, se perderá en la nada como pena legítima de un horroroso tejido de innumerables crímenes… si hasta aquella hora no comete un nuevo delito y añade una nueva víctima.

**ITURRIEL:**

—¡La nada!

ÓSCAR:

—Sí, la nada. El más terrible de cuantos castigos impone el Grande Espíritu. Sin recursos para lo venidero, tiene el vampiro todos los de lo presente: puede tomar todas las formas, usar de todas las lenguas y emplear todos los medios para seducir. Tiene todas las apariencias de la vida, pero la muerte, que jamás abandona del todo su presa, ha marcado su fisonomía con su sello y, no obstante, aún tiene facultades para ocultar aquel indicio de horror a los ojos de los que tiene interés en engañar.

ITURRIEL:

—Y entonces, triste, ¿qué esperas? Nuestro poder es limitado y el dominio de la muerte es sagrado para nosotros.

ÓSCAR:

—Pero no está cerrado a la divina justicia. Y, pues los crímenes del vampiro han de tener un término, ¿por qué no seré yo el destinado a suspender su curso? Sean cualesquiera las obligaciones que me llamen en otra parte, no te admires si aún me encuentras dos veces más en Caledonia.

ITURRIEL:

—¡Ah! Quiera el cielo prosperen tus designios. ¡Mas, qué oigo! Tus palabras me han detenido mucho tiempo en estas grutas.

> *Se oye dar la una por campanada de metal algo distante. El eco repite el sonido con graduación y proporcionado.*

*Trueno y se levantan los muertos.*

ÓSCAR:
—Detente y observa.

> *Al oírse la campanada, se levantan todas las tumbas y salen de ellas sombras pálidas hasta medio cuerpo las cuales van volviendo a caer bajo las piedras o lápidas sepulcrales a medida que los ecos van disminuyendo. De la más suntuosa de las tumbas, sale un espectro con la cara descubierta, envuelto en una mortaja y se dirige hacia donde está la joven dormida, gritando.*

ESPECTRO:
—¡Malvina!

ÓSCAR: (*al* ESPECTRO)
—Retírate

ESPECTRO:
—Es mía.

ÓSCAR:
—Es de Dios y tú serás pronto de la nada. (*Pone la mano sobre la joven*)

> *El* ESPECTRO *se retira amenazando y repitiendo.*

ESPECTRO:
—¡Oh, furor! ¡La nada! ¡La nada!

ITURRIEL *atraviesa el teatro en una nube. La decoración se muda en una habitación de* SIR OBRAY.

**Fin del prólogo.**

# Acto I

*Antiguo castillo de Staffa.*

## Escena 1

Brígida, Scopp y Edgar.
*Una mesa con vasos, botellas y platos.*

**Brígida:**

—Venid, hijos míos, venid a descansar a esta sala y alegraos. Nuestra joven señorita ha aparecido y queda descansando en su habitación.

**Scopp:**

—Loado sea Dios.

**Brígida:**

—¿Con que estaréis muy cansados?

**Edgar:**

—¡Pardiez, yo lo creo! Después de rodar por el bosque toda la noche.

**Brígida:**

—Pues vaya un traguito para refrescar.

SCOPP:

—Se estima, misis Brígida. Así como así estoy ronco de gritar arriba y abajo: «¡Señorita! ¡Miss Obray! ¡Miss Obray!». Pero nada, solo el eco responde.

EDGAR:

—En efecto, es muy extraño que no nos haya oído. ¿A qué hora volvió?

BRÍGIDA:

—A más de las ocho de la noche; parece ser que se perdió ya de noche al acabarse la caza y que la cogió la tempestad. Al cabo y a la postre, encontró a su hermano junto al castillo y han entrado los dos por la puerta pequeña del parque que sale al camino de las grutas.

SCOPP:

—¡Bondad de Dios! ¡Si se hubiera perdido en las grutas!

EDGAR:

—¡Por vida de San Jorge! Ni más ni menos, esa parte del bosque ha sido justamente la que no hemos registrado… Ya se ve… ¡Si este mandria…! ¡Se ha empeñado en que no habíamos de ir nunca por aquel lado!

SCOPP:

—¡Ir por aquel lado! ¿Sabes lo que dices? No permita la misericordia de Dios que yo me acerque de noche a aquellas grutas infernales. Las grutas de Staffa… ¡como quien no dice nada! ¡El nido de los espíritus malignos!

**EDGAR:**

—¡Pobre babieca! Pues, amigo, por aquí no cuelan los cuentos de brujas.

**SCOPP:**

—Muy bueno, Edgar… allá te las avengas, pero cuenta no te salga alguna vez a la cara y si no, pregúntaselo a Brígida.

**BRÍGIDA:**

—A decir verdad, desde que estamos en esta isla he oído contar tocante a eso cosas maravillosas.

**SCOPP:**

—¿Cómo maravillosas? Espantosas, horrorosas, horribles, terribles, estupendas y tremendas. Es lo que queréis decir. ¡Qué! ¿No sabéis la historia de la última heredera de Staffa?

**BRÍGIDA:**

—¡Chist! Que nos oyen.

**SCOPP:**

—¡Hola! ¿Con que vos sabéis la historia?

**BRÍGIDA:**

—Yo, no. Sino que sir Obray ha prometido despedir de casa a todo el que hable de esas cosas a manera del otro mundo y que dice que son paparruchas… Pero no me pesaría saber…

**EDGAR:**

—Ahora no hay porqué tener miedo, nadie puede oírnos. Vamos allá, Scopp, buen ánimo y contenta la curiosidad de la señora Brígida. Cuéntanos el curioso romance de esa heredera.

SCOPP:

—Que me place. ¡Que bonito es, pero cuidado con tener miedo…! Sí, sí, burlarse: vosotros la echáis de perdonavidas, pero lo cierto es que a mí tan solo de pensarlo se me pone la carne como de gallina. Pues, señor, *(Se acercan y hacen corro)* como iba diciendo, érase una señorita que quería catar de matrimonio. Y esta señorita estaba ya tratada con un señor de Escocia que era rico y joven. Estaban dispuestas en este castillo unas fiestas muy lucidas cuando, hete aquí que la víspera de las bodas por la tarde, los dos amantes se fueron a pasear al bosque. Yo no sé a qué, porque en esto yo no me meto y su alma en su palma. Ello es que, al fin y al cabo, muy juntos los dos y dándose el brazo enderezaron hacia las grutas y no volvieron más.

EDGAR:

—¡Bueno por vida mía!

SCOPP:

—Lo dicho. No volvieron más. ¡Cátate que todos se echaron a buscarlos por mar y por tierra! ¿Adónde estarán? ¿Qué se habrán hecho? ¿Y que os parece que encontraron al otro día? El cuerpo de la señorita degollado y cubierto de sangre porque en cuanto al caballero no se ha oído hablar más de él. Hace ya de esto cien años y aún no se ha sabido de él. Entonces fue cuando la familia de sir Obray heredó el castillo de Staffa.

BRÍGIDA:

—¡Dios mío de mi vida! Cuidado que tal historia es lastimosa si las hay.

EDGAR:

—Para mí los tales duendes estaban conchabados con los ascendientes de sir Obray para coger esta rica herencia.

SCOPP:

—Esa es buena. Cien años hace que sucedió el caso y ya se sabe que yo no estaría allí, pero un tío de mi abuela se lo oyó contar al abuelo de mi abuela y es cosa que no tiene réplica. Si hubiera sido tramoya a los parientes, ya se hubiera sabido. Di que eran esos espíritus malvados que se llaman vampiros y matan a las jóvenes y no digas más.

EDGAR:

—Todas esas patrañas y visiones.

BRÍGIDA:

—¡Dios mío! ¿Vampiros que matan a las novias jóvenes? ¿No la he escapado yo mala, tonta de mí?

SCOPP:

—¿Por qué lo decís, misis?

BRÍGIDA:

—Pues no tuve el otro día la tentación de ir a ver esa gruta y el valor de andarla de arriba abajo sin más compañía que la del administrador. No en balde sentía un no sé qué aquí dentro cuando estábamos en aquellas bóvedas tan oscuras.

SCOPP:

—No hay cuidado, con vos no va nada. Esos duendes no quieren sino muchachas tiernecitas.

BRÍGIDA:

—Gracias por el requiebro, amiguito. Pero entretanto me olvido de que si el amo supiera que hablamos de esas cosas, se pondría hecho un Lucifer. El otro día, sin ir más lejos, me decía: «Como yo sepa que te atreves a contar a mi hermana las insulseces que se dicen en este país, te despido al instante».

SCOPP:

—Pues quieta la lengua y no se vuelva a hablar en voz alta sobre el asunto.

BRÍGIDA:

—Quedamos en eso y entretanto me voy corriendo al cuarto de mi ama que puede ser que ya me eche de menos.

# Escena 2

SCOPP:

—Dime, Edgar, tú que estuviste en Londres con nuestro amo, ¿conoces a ese lord que se va a casar con miss Malvina?

EDGAR:

—No lo conozco y solo puedo decir que es señor de Marden.

SCOPP:

—¿De ese castillo que está sobre la costa enfrente de esta isla? ¿Donde está tu novia?

EDGAR:

—Justamente.

SCOPP:

—De ese modo llega a tiempo para presenciar tu boda.

EDGAR:

—Si llega hoy, podrá honrarla con su asistencia.

SCOPP:

—¿Con que siendo así tendremos dos bodas? ¡Cuánto me alegro! A lo menos bailaremos y nos divertiremos. A la salud de tu novia, Edgar.

EDGAR:

—Lo estimo. Bebamos ahora a la salud de miss Malvina y que Dios le dé en su matrimonio tanta ventura como merece.

SCOPP:

—¡Ah! Si yo fuera su marido, a buen seguro que la hiciera feliz porque esta no es mujer, es un ángel.

# Escena 3

**MALVINA:**

—Amigos míos, ya me han dicho con cuánto cuidado me habéis buscado esta noche. Yo lo agradezco de corazón.

**LOS DOS:**

—Señorita, es mucha bondad la vuestra. *(Se van haciendo una inclinación)*

**BRÍGIDA:**

—En verdad, señorita, quisiera saber de fijo como estáis. Me temo que el cansancio y la humedad de la noche os hayan hecho algún daño.

**MALVINA:**

—No querida, te aseguro que me siento muy buena.

**BRÍGIDA:**

—Qué sé yo. Me parece que estáis alicaída y, a pesar de esa sonrisa, se me figura que no estáis del todo en casa.

**MALVINA:**

—Lo confieso. Yo no sé qué inquietud es la que me tiene agitada, pero no me atrevo a confiarte el motivo por no parecerte ridícula. Este desasosiego que experimento estoy creyendo que es efecto de un sueño.

**BRÍGIDA:**

—¿De un sueño, señorita? ¡Ah, sí! A veces permite el cielo

*(Conteniéndose)*, pero ¿cómo es posible con la educación que os han dado que un sueño…? Vaya, no puede ser. *(Con curiosidad)* ¿Fue muy espantoso el sueño?

MALVINA:

—Sí, espantoso, horrible. Habiéndome perdido ayer tarde en el bosque, mis pasos inciertos me condujeron hacia esa famosa gruta a la cual el vulgo, según dice, atribuye tradiciones misteriosas. Los truenos retumbaban y viendo con el resplandor de los relámpagos que me hallaba junto a la entrada de la gruta, me guarecí en ella mientras duraba la tempestad que tenía todas las apariencias de ser pasajera. Como yo estaba vencida de fatiga y la oscuridad era completa, no tardé en dormirme al ruido del viento que resonaba en las cavernas y a la lluvia que azotaba los árboles del bosque. De repente, me pareció que la gruta estaba iluminada y que distinguía con claridad sus más profundas cavidades cuando es cierto que en mi vida he estado bajo de aquellas bóvedas. Me admiraba de aquella multitud de columnas y de aquellas formas irregulares y gigantescas. Mas volviendo los ojos alrededor mío, vi que las losas que cubren el suelo se levantaban como por sí mismas.

BRÍGIDA:

—¡Oh, gran Dios!

MALVINA:

—De aquellas tumbas entreabiertas salían fantasmas blanquecinos. Uno de ellos se dirige a mí, toda me estremezco, pero un poder invencible me tenía inmóvil y mis ojos

mismos no podían apartarse de aquella terrible aparición; pero ¡cuál no fue mi sorpresa al mirar su semblante! Vi las facciones de un joven, solo que estaba pálido y parecía doliente. ¡Sus ojos, fijos en los míos con la más tierna expresión, parecían pedirme socorro y cuanto más se acercaba tanto más disminuía el temor que sentía al principio, pero cuando ya parecía que su semblante iba a tocar con el mío... ¡Qué horror! Sus ojos se hundieron y brillaron de un modo extraordinario, su aspecto se descompuso, sus facciones se alteraron todas entre convulsiones horribles... Yo me creí destinada a ser pasto de un monstruo devorador!

BRÍGIDA:

—¿Será posible?

MALVINA:

—En tan fatal momento me pareció que un poder desconocido arrancaba de mi lado la fantasma, que se hundió en la tierra, arrojando gritos lamentables. Entonces me desperté casi sin poder respirar, mi cuerpo estaba bañado de un sudor frío. Ya la tempestad había cesado y la luna daba claridad a la entrada a la gruta. Salí por fin de ella, llena aún de sobresalto y buscando el camino me salió al encuentro un anciano que me condujo hasta la avenida. Allí encontré a mi hermano y entramos juntos en el castillo.

BRÍGIDA:

—¡Qué sueño tan malaventurado! Aún no se me ha quitado el temblor, pero... no debéis hacer caso de eso.

**MALVINA:**

—¿Qué queréis decir?

**BRÍGIDA:**

—Sí, señora, porque, aunque estabais sola y de noche… y luego depués fantasmas… ¡Dios mío! Mas todas esas cosas son para meter miedo a los chiquillos y así no hay que creerlos. ¡Cáspita, si yo hubiera estado allí! Los pelos se me erizan… pero no hay que acordarse más de ello… Los cuentos que habéis oído os vinieron a la imaginación y no hay más en el asunto.

**MALVINA:**

—Sin embargo, hay algunas particulares que yo no puedo entender. ¿No me has dicho tú que, depués de nuestra llegada, fuiste tú a visitar la gruta?

**BRÍGIDA:**

—Sí, señora, y he visto todos sus rincones.

**MALVINA:**

—Y en el fondo a la derecha bajo una especie de rotonda, ¿no hay un peñasco negro en figura de pirámide que se asemeja a un mausoleo?

**BRÍGIDA:**

—Sí, señora, a eso llaman sepulcro de Fingal, pero está en un paraje tan oscuro que no se puede distinguir si no se llevan hachas encendidas.

**MALVINA:**

—Pues bien, yo lo he visto esta noche. De allí fue de donde salió la fantasma que tanto me aterró en mi sueño.

**BRÍGIDA:**

—¡Qué cosa tan particular! ¡Ay, señorita! Por vuestro hermano, olvidad todas esas aprensiones. Así como así no son más que visiones. Sobre todo, no le digáis de qué hablamos. ¡Hablar de un sueño! ¿Qué se diría?

**MALVINA:**

—Buen cuidado he tenido en no hablarle de ello. Es tan opuesto a eso que él llama supersticiones que no he querido exponerme.


# Escena 4

OBRAY y MALVINA.

**OBRAY:**

—Y bien, hermana, ¿te has tranquilizado ya enteramente? Pero ¿cómo es eso? ¿Ya has estado en el tocador? Me gusta esa prontitud y me parece buen agüero. Brígida, ve a decir que se coloque un hombre en la caseta y que vengan a avisarme así que descubran al conde. Este día, querida Malvina, prepara tu felicidad. Mas me parece que estás triste. ¿Piensas recibir de este modo a tu esposo?

**MALVINA:**

—¡Ah, hermano mío! El retrato que nos han hecho de Marden, de sus prendas y virtudes, ha sido suficiente para disponernos en su favor, pero cuanto más cerca miro el momento, tanto más siento acrecentar mi inquietud. Querido Obray, no olvides que te fue encomendada mi suerte, no aventures mi dicha o mi desgracia.

**OBRAY:**

—Desconfiad sin fundamento, Malvina. Jamás, ya lo sabes, intenté violentar tu inclinación. El conde de Marden viene a pedirte y si no tiene la fortuna de agradarte...

**MALVINA:**

—No digas eso, hermano, pero tú mismo que tanto deseo tienes de que sea mi esposo no lo conoces personalmente.

**OBRAY:**

—No lo niego, pero si se parece a su hermano, que fue mi mayor amigo, no le costará gran trabajo interesar tu corazón. Era imposible conocerlo sin amarlo. ¡Desventurado Ruten!

**MALVINA:**

—Siempre que pronuncias su nombre te estremeces.

**OBRAY:**

—¡Ah, cómo podré yo olvidar a aquel hombre generoso! Aquel dechado de amistad. Ignoras, hermana mía, todo lo que le debo.

MALVINA:

—Me han dicho que te salvó la vida y tan poderoso motivo es causa, sin duda, de que mi corazón se conmueva cada vez que me hablas de él. ¿Pero estás bien asegurado de que ya no existe?

OBRAY:

—¡Ojalá me quedara alguna duda! Aquel devastado suceso estará para siempre grabado en mi pensamiento. En mi último viaje me detuve algún tiempo en Atenas, y allí encontré a lord Ruten. Siendo tan apasionado como yo por las bellezas de la naturaleza y los monumentos de las artes, se hizo mi compañero de expediciones y de placeres. Bien pronto nació entre los dos una amistad íntima y cuanto más le conocía tanto más apreciaba sus extraordinarias prendas. Se me figuraba que aquel hombre tenía algo de sobrenatural y… Lo confieso, apetecí unirme a él con lazos más estrechos. Yo tenía en mi poder tu retrato, lo vio y me propuso un enlace que tanto deseaba. Ya nos disponíamos a volver a Escocia para consultarlo con tu corazón, cuando una tarde… ¡Funesto recuerdo! Ruten había salido al campo para asistir a la boda de una doncella joven a quien su largueza había dotado secretamente. Al acercarse la noche, fui acompañado de algunos criados a esperar a mi amigo a tres millas de Atenas. Después de una tardanza considerable, lo vemos volver en el mayor desorden. «Huyamos, me dice, este paraje está infestado de asesinos y me vienen persiguiendo». Apenas pronunció estas palabras cuando nos vemos acometidos. Mis criados ponen en fuga a dos de ellos y el tercero nos embiste con furor. Viéndome desarmado, se precipita sobre mí. Ruten me cubre con su cuerpo y cae atravesado de una herida mortal.

El asesino desaparece y yo me arrojo sobre el cuerpo de mi moribundo amigo quien me dice, apretándome la mano: «Te he salvado la vida, muero contento y solo me pesa no haber logrado el título de hermano tuyo». Desgraciado Ruten. ¿Por qué mereciste perecer así, tan lejos de tu patria y sin darte sepultura?

MALVINA:
—¿Qué? ¿No pudiste tributarle los honores fúnebres?

OBRAY:
—Un extraño acontecimiento impidió cumplir con aquella postrera obligación. Echado en tierra junto a mi infeliz amigo, bañaba yo su rostro con mis lágrimas, cuando me dijo con voz desfallecida: «Ya es inútil y tardío cualquier socorro. No te expongas quedándote solo, amigo, al riesgo de que vuelvan los asesinos». Viendo después que la luna se levantaba por entre las nubes, añadió: «Colócame de cara hacia el astro de la noche y goce antes de morir su vista por última vez». Con mucho trabajo pude colocarlo en un repecho inmediato, mas apenas lo puse cuando expiró. Me alejé de allí para buscar a mis criados y después de tardar más de una hora en reunirnos volvimos a recoger el cadáver y ya no estaba.

MALVINA:
—¿No estaba?

OBRAY:
—Solo pude reconocer el paraje donde lo había dejado por un poco de hierba que estaba ensangrentada. Sin duda, los

asesinos se habían llevado el cadáver para destruir aquella prueba de su crimen. Sin embargo, empleé dos meses de inútiles pesquisas hasta que, por último, dejé la Grecia y sabiendo que el lord Marden estaba en Venecia, le escribí remitiéndole cuantos efectos habían pertenecido a su difunto hermano. Era uno de ellos tu retrato y aficionado por él a su original, me propuse, reemplazar a su hermano. Este casamiento no puede menos de honrarnos. Me han dicho que lord Marden es otro de los señores más favorecidos de nuestro monarca.

MALVINA:

—Si viviera Ruten, hermano mío, me parece que lo que hizo por ti bastaría para prevenirme en favor suyo.

## Escena 5

*Dichos y* BRÍGIDA.

BRÍGIDA:

—Señor, el conde de Marden acaba de entrar en el castillo.

OBRAY:

—Hermana, corramos a recibirlo.

MALVINA:

—Permíteme, hermano, que no me halle presente en su llegada, estoy aún demasiado conmovida.

**OBRAY:**

—Pues bien, vete por un instante a tu habitación. Brígida, acompaña a Malvina mientras que yo salgo a recibir al conde… mas ya no hay para qué. Aquí está él mismo.


# Escena 6

LORD RUTEN y OBRAY.

**OBRAY:**

—El honor que me dispensáis. Mi lord… Mas, ¿qué veo? ¡Qué semejanza!

**RUTEN:**

—¿Mis facciones recuerdan por ventura a las de algún antiguo amigo?

**OBRAY:**

—Hasta su voz es la misma, no cabe duda… es Ruten.

**RUTEN:**

—Ese fue mi nombre hasta que la muerte de un hermano primogénito me puso en posesión del título de Marden.

**OBRAY:**

—¿Me engañan mis sentidos? Ruten, ¿eres tú la sombra de mi amigo?

RUTEN:

—Querido Obray, llega, disipa esa duda entre mis brazos.

OBRAY:

—¡Gran Dios! ¡Será cierto! Mas, ¿qué prodigio ha podido…?

RUTEN:

—Un poderoso socorro conservó mi existencia, mas cuando ya estaba en disposición de reunirme contigo, supe que te habías ausentado de Grecia. Murió poco después mi hermano y, vuelto a Londres, te escribí en su nombre y, al llegar a Escocia a tomar posesión de la herencia, he querido ocasionarte una sorpresa que a los dos nos llena de contento.

OBRAY:

—¡Oh, momento delicioso! Recobro a mi amigo y mi amigo me halla digno de su amistad. No lo dudo, Ruten. Malvina no hubiera sido esposa de tu hermano, sino por pagar lo mucho que yo te debía.

RUTEN:

—¡Generoso amigo! ¡Podré esperar la dicha de agradar a la adorable Malvina!

OBRAY:

—No cabe duda. Enternecida al oír la relación de tus infortunios lloraba conmigo al que creía muerto por salvar a su hermano. Te amará, Ruten. En aquel corazón tan libre como sencillo, la gratitud producirá el amor.

RUTEN:

—¡Ah! Quiera el cielo que no lisonjeéis mi esperanza con vanas ilusiones. No puedes imaginar, amigo mío, cuánta es la dicha mía que espero de este enlace que tu amistad me proporciona. Yo lo reconozco, toda mi existencia depende de él.

OBRAY:

—Siempre el mismo Ruten, siempre exaltado y entusiasta, pero te advierto que no asustes a mi hermana, que ignora hasta dónde llega tu pasión.

RUTEN:

—Yo procuraré, por agradarle, ocultar, si el caso lo exige, hasta la violencia de mis afectos, pero ¡cuánto tarda en dejarse ver!

OBRAY:

—Ya llega. ¡Cuál será su sorpresa!

## Escena 7

*Dichos,* MALVINA *y* BRÍGIDA.

OBRAY:

—Querida hermana, te presento a aquel generoso amigo cuya pérdida llorábamos hace poco tiempo. Vive por un milagro y él es a quien está prometida tu mano.

RUTEN:

—Mi suerte, hermosa Malvina, pende ahora de una palabra tuya.

MALVINA:

—Milord, la vida de un hermano a quien amo tanto no puede menos… ¡Oh, Dios! ¡Qué miro!

OBRAY:

—Malvina, ¿qué tienes? Te has puesto pálida. Amigo, se ha desmayado. ¡Hola! ¿Scopp? ¿Williams?

BRÍGIDA:

—Señorita, volved en vos.

MALVINA:

—¡Ah, qué facciones! (*A* BRÍGIDA) La fantasma de esta noche…

BRÍGIDA:

—Misericordia divina. Conteneos por Dios, señorita. ¡Qué aprensión os ocurre!

RUTEN:

—¿Os sentís más aliviada?

MALVINA:

—Sí. ¡Qué insensata soy! *(Aparte)* ¡Disimulad! Milord, esta debilidad pasajera es efecto de lo que me ha sucedido la noche pasada.

RUTEN:

—¡La noche pasada! *(Admirado)*

OBRAY:

—Mi hermana y yo no volvimos hasta muy tarde al castillo y sin duda es efecto de la fatiga.

MALVINA: *(Aparte)*

—Yo no sé cuál es la sensación que me agita en su presencia.

RUTEN:

—¡Ah, tranquilizad mi corazón, Malvina! ¿Cómo debo interpretar vuestro desmayo?

MALVINA:

—Milord, la sorpresa de veros después de lloraros por muerto.

RUTEN:

—¿Será posible que antes de conocerme y con la sola relación de mi desgracia os hayáis interesado por mí?

MALVINA:

—¿Y cómo hubiera podido yo ser insensible a tanta nobleza? Soy hermana de Obray y mi corazón… penetrado de agradecimiento… No me atrevo a mirarle. *(Aparte)*

RUTEN:

—¡De agradecimiento! Yo soy aquí el único que se lo debe a mi amigo y cuánto no le deberé a vuestro corazón si aprueba sus generosos designios. ¡Ah! Decidme que lo confirmáis y muero a vuestros pies. *(La toma de la mano)*

**MALVINA:**

—¡Oh, Dios! Ese ardor…

**RUTEN:**

—Nada tiene que pueda asustaros. En presencia de vuestro hermano y con su consentimiento, juro amaros hasta la muerte… Amigo, une tus ruegos a los míos.

**OBRAY:**

—Malvina no ignora que esta unión es el objeto de mi más ardiente deseo.

**MALVINA:**

—¡Qué encanto extraordinario es el que se apodera de mí!

**RUTEN:**

—¡Querido amigo! ¡Cómo se reanima mi ser a su vista! Tú lo sabes. Abatido por las desgracias, aislado en la tierra, siempre estaba dispuesto a dejar la nada que me rodeaba para ir a buscar otra nada, aún más desconocida. Este ángel, este ángel solo puede dar precio a mi existencia. De ella es de quien espero una nueva vida. Ya me parece que la recibo de sus ojos. Oh, Malvina, confirme vuestra boca tan dulce esperanza.

**MALVINA:**

—Mi hermano sabe que puede contar con mi obediencia.

**RUTEN:**

—¿De esa suerte consentís...?

**MALVINA:**

—Por piedad, no abuséis de mi compasión. Permite, hermano, que me retire, yo te lo suplico.

## Escena 8

RUTEN y OBRAY.

**OBRAY:**

—Mis deseos están cumplidos. Ruten, vamos a ser hermanos.

**RUTEN:**

—Amigo, una gracia me resta aún pedirte. Haz que nuestro himeneo se verifique sin tardanza.

**OBRAY:**

—Esa es mi intención. Voy a apresurar los preparativos y mañana, si mi hermana no se opone...

**RUTEN:**

—¡Mañana y no más pronto!

**OBRAY:**

—Pero tanta prisa...

**RUTEN:**

—Es indispensable, pues me queda muy poco tiempo que permanecer en este país

**OBRAY:**

—Absorto me dejas.

**RUTEN:**

—Motivos de la mayor importancia me llaman a Londres.

**OBRAY:**

—Pero, en fin, ¿qué término señalas?

**RUTEN:**

—Muy breve, treinta y seis horas me quedan que pasar contigo.

**OBRAY:**

—¿Cómo he de creerte cuando has dicho que venías a tomar posesión de los bienes de tu hermano?

**RUTEN:**

—Para esa diligencia me basta presentarme en el castillo de Marden y, como la distancia es tan corta, cuento con estar de vuelta antes que anochezca.

**OBRAY:**

—Cada vez lo entiendo menos. ¿No podrías explicarme…?

**Ruten:**

—Después sabrás las razones que a esta determinación me obligan. Mas no nos detengamos, amigo. Ve a ver a tu hermana y procura que consienta.

**Obray:**

—Quiero complacerte en todo. Sin embargo, recelo que mi hermana se sobresalte a vista de tanta precipitación.

**Ruten:**

—Sabe que la menor tardanza puede comprometer hasta mi propia existencia. Si la vida de tu amigo te interesa…

**Obray:**

—¡Me estremezco de oírte! En fin, tú descubrirás ese misterio. Entre tanto, la amistad puede más que la curiosidad. Corro a defender tu causa y después escucharé tus razones.

# Escena 9

*Ruten se pasea agitado con la mano en la frente. Edgar entra por el fondo de la escena.*

**Edgar:**

—Milord.

RUTEN:

—¿Qué queréis?

EDGAR:

—Vengo a implorar una protección. Soy uno de los servidores de sir Obray.

RUTEN:

—¿Y en qué puedo protegerte?

EDGAR:

—Dicen que pensáis visitar vuestras tierras de Marden y como yo voy a casarme con la hija del capataz de las haciendas...

RUTEN:

—¡Hola! ¿Con que su hija es tu novia?

EDGAR:

—Sí, señor.

RUTEN:

—¿Y cuándo es la boda?

EDGAR:

—Esta noche, milord.

RUTEN:

—¿Esta noche? *(Con alegría disimulada)*

**EDGAR:**

—Sí, milord.

**RUTEN:**

—No faltaré.

**EDGAR:**

—Milord, el respeto me impedía suplicároslo, mas si vuesa señoría se dignase hacernos el honor de firmar el contrato... sir Obray ha tenido la bondad de prometerme igual favor.

**RUTEN:**

—Tendré en ello el mayor gusto.

**EDGAR:**

—¡Ah, milord! Tanta bondad.

**RUTEN:**

—¿Y en cuánto tiempo podemos ir a Marden?

**EDGAR:**

—El mar está en calma y, con los buenos remeros que llevamos, estaremos allá antes de una hora.

**RUTEN:**

—Pues manda preparar otra barca y di a mis criados que se dispongan.

**EDGAR:**

—Voy a obedeceros, milord.

# Escena 10

**OBRAY:**

—Amigo, todo ha favorecido tus deseos.

**RUTEN:**

—Tu hermana consiente...

**OBRAY:**

—He dispuesto que todo esté pronto para esta noche a nuestro regreso en la capilla del castillo.

**RUTEN:**

—¡Cómo! ¿Quieres acompañarme?

**OBRAY:**

—Me queda tan poco tiempo de estar contigo que no puedo convenir en separarme de ti un solo instante.

**RUTEN:**

—Me encanta el oírte, amigo mío.

# Escena 11.

**EDGAR:**

—Milord, todo está dispuesto.

OBRAY:

—Vamos pues, y en el camino me informarás de los motivos de tu precipitada ausencia.

## Fin del Acto I.

# Acto II

*Casa de labranza del castillo de Marden.*

## Escena 1

*Clarita rodeada de otras jóvenes que ayudan a acabar de vestirla.*

CLARITA:

—¡Padre, padre! ¿Habéis visto a Edgar? Ya debe de haber llegado.

PETERSON:

—Todavía no, querida. Tiene que hacer el viaje y las cosas quieren tiempo.

CLARITA:

—Pues hace muy mal. Cuando estaba enamorado, en dos horas se ponía aquí desde el castillo.

PETERSON:

—Con que tú piensas que ya no te quiere tanto como antes.

CLARITA:

—Padre, por Dios, no me digáis eso que me moriré de pesadumbre... Ya se ve... como el señor mío se casa hoy, ya no tiene prisa. Por eso dicen que todos esos bribones de hombres son lo mismo.

**PETERSON:**

—Vamos, niña, no te enfades sobre que todavía falta mucho que disponer para la boda.

**CLARITA:**

—Pero, padre, me parece que lo más principal de una boda es el marido.

**PETERSON:**

—También es muy principal la compostura y el vestido y toda esa trapisonda y aún no has acabado desde esta mañana.

**CLARITA:**

—Ni se acabará tan pronto. Para hacerlo rabiar me voy a poner de mil maravillas. *(A las compañeras)* Vamos a ponerme el sombrerito y las cintas… las flores… ¡Hola, hola! El señor Edgar, que le gusta que le esperen... Ya me las pagará todas juntas. Pero, padre, os estáis ahí sin hacer nada… id a ver si lo ve venir desde el cerro. Puede que le haya sucedido algo.

*Gritos desde bastidores: «¡Edgar, Edgar!»*

**CLARITA:**

—¡Válgame, Dios! ¡Ya está ahí!

# Escena 2

*Entra EDGAR acompañado de jóvenes aldeanos.*

**EDGAR:**
—Ah, mi querida Clarita.

**PETERSON:**
—Vamos, vamos, señor novio.

**CLARITA:**
—¿Cómo has tardado tanto?

**EDGAR:**
—Perdona, pero no te has separado de mi corazón un momento.

**CLARITA:**
—Vaya. Esto está bueno. Pues tengo buen modo de regañarte.

**EDGAR:**
—Me he visto precisado a acompañar a mi amo que vuelve aquí. ¡Ah! Señor Peterson, se me olvidaba deciros que mi amo sir Obray viene con milord Ruten.

**PETERSON:**
—¡Ruten! ¿Pues que no está muerto?

**EDGAR:**
—Eso se dijo, pero fue mentira.

**PETERSON:**

—¡Cómo! Vaya, vaya. No la trago. En siete años precisamente hubiéramos sabido algo. Sobre que es imposible.

**EDGAR:**

—Cuidado que sois duro de mollera. Pero venid acá, querido suegro, ¿lo conocéis por la cara?

**PETERSON:**

—Al golpe. La tengo tan grabada en mi corazón y era tan parecida a la de su hermano que no puedo olvidarla nunca.

**EDGAR:**

—Ya que estáis tan preocupado, os convenceréis por vuestros propios ojos.

**PETERSON:**

—Muy cuesta arriba se me hace el creerlo.

*Dentro se oye «Viva nuestro amo y señor, viva, viva».*

**EDGAR:**

—¡Qué tal! ¿Oís ya los gritos de alegría de sus vasallos?

**PETERSON:**

—El que haya fingido su nombre es un embustero impostor.

# Escena 3

*Dichos,* OBRAY*,* RUTEN *y aldeanos.*

RUTEN:

—Sí, honrado Peterson, reconoce el semblante de Ruten, marchitado por la adversidad.

PETERSON: *(Doblando la rodilla)*

—Ah, señor, ahora sí que os reconozco. Perdonad, pero no me atrevía a creer la ventura de apretar y bendecir otra vez esta mano benéfica.

RUTEN:

—Levanta a mis brazos. Yo agradezco y sabré premiar los testimonios del amor que siempre habéis profesado a mi familia. Sobre todo, continuad la fiesta, mi presencia no debe interrumpirla, ¿creo que ibais a celebrar una boda?

PETERSON:

—Sí, señor, este es el novio y mi Clarita es la prometida.

RUTEN: *(Aparte)*

—Otra prometida y veinticuatro horas.

OBRAY:

—La novia es preciosa.

CLARITA:

—Oh, señor, vuestra señoría es muy, muy, muy…

*Hace cortesías y* RUTEN *tiene los ojos fijos en ella.*

EDGAR:

—Vamos, vanidosilla, calla y baja los ojos.

CLARITA:

—No quiero que hoy seas celoso. ¿Lo entiendes?

EDGAR:

—Bien, bien. Yo lo prometo.

PETERSON:

—¡Ea, pues, muchacho, a divertirse y a bailar!

*Se oye un trueno corto y lejano.*

RUTEN:

—¿Para qué es alejarlos de aquí? Yo quiero gozar de sus placeres, quiero dotar a la novia, si tú lo consientes, y ponerle yo mismo la corona de flores en las sienes. No hay para mí fiesta más agradable que una boda.

*Los truenos redoblan.*

EDGAR:

—¡Qué tempestad tan horrible!

PETERSON:

—Señor, con este tiempo es imposible poneros en camino a riesgo de perderos o caer en algún derrumbadero.

**OBRAY:**

—El día está muy adelantado y nada se opone a que pasemos aquí la noche.

**RUTEN:**

—¿La noche? ¿Cómo así? ¿Tú retardas mi dicha?

**PETERSON:**

—Señor, condescended con nuestra súplica. Estábamos tan deseosos del gusto de veros.

**OBRAY:**

—Vamos, amigo, condesciende. De todos modos, la tempestad no nos permite salir de aquí.

RUTEN *que no ha dejado de mirar a* CLARITA *dice*

**RUTEN:**

—Pues así lo dispone el cielo, yo consiento en pasar la noche con vosotros.

*A una señal de* PETERSON *salen jóvenes aldeanos y forman un estrado para* RUTEN *y* OBRAY. *Al momento de empezarse el baile se oyen unos preludios de harpas. Movimiento general de curiosidad.* EDGAR *va a ver lo que es y vuelve.*

**EDGAR:**

—Son unos pobres bardos que buscan un abrigo contra la tempestad y piden permiso para descansar.

**PETERSON:**

—Si no os desagrada, señor... tal vez sus cánticos podrán alegraros.

**RUTEN:**

—Con mucho gusto. Haced que entren.

**CLARITA:**

—Ay, cuánto me alegro. ¡Suelen cantar unas cosas tan bonitas!

**RUTEN:**

—¡Cuán agraciada es la esposa!

## Escena 4

*Dichos y* ÓSCAR.

*Sale* ÓSCAR *en traje de un anciano venerable y con ademán misterioso e impotente.*

**CLARITA:**

—Entrad, buena gente.

**ÓSCAR:**

—Yo lo aprecio, joven estimable. El ángel de paz os proteja, como el cedro protege al arbusto.

*Se adelanta, considera a* RUTEN *y dice*

ÓSCAR:

—Aquí está.

PETERSON:

—Sentaos, buen viejo.

CLARITA:

—Vaya un trago, abuelito *(Dándole de beber)*, y después nos diréis alguna coplilla.

ÓSCAR:

—Sí, hija mía. Yo os diré el himno del casamiento. Pueda mi canto enseñaros a ser feliz y quiera el ser Omnipotente velar sobre vuestros días.

RUTEN:

—¿Qué significa este siniestro lenguaje?

EDGAR:

—Vamos, buen amigo, empezad. Silencio todos vosotros.

ÓSCAR: *(Canta)*

—Oh, tierna virgen de Staffa
a quien la llama ardorosa
hace palpitar el seno
al nombre de amante y de esposa.
Al ir a enlazar tu suerte
con el amigo a quien deseas

en vez de amor cuida no seas
víctima triste de la muerte.

> ÓSCAR *tiene la vista fija en* RUTEN *cuyo semblante
> expresa el mayor furor. Los demás personajes rodean
> al anciano y escuchan con interés.*

ÓSCAR:
—Cuando ya de aquesta sierra
no dora el sol los fríos cerros
los ángeles del Infierno
salen a acariciar su presa.
Si su voz dulce se advierte,
huye… Su mano está helada.
Guárdate, joven casada,
del amor que causa la muerte.

> *Al fin de esta copla* RUTEN, *no pudiendo contener
> su furor, se levanta agitado.*

OBRAY:
—¿Qué es lo que sientes amigo?

RUTEN:
—El lúgubre canto de este hombre recuerda a mi imaginación ideas crueles y dolorosas.

OBRAY:
—Haced que se vaya.

**PETERSON:**

—Vamos, buen anciano, retiraos. Vuestro canto no es del gusto de nuestro amo.

**ÓSCAR:**

—Yo lo creo. *(Con voz sombría)*

**CLARITA:**

—Siendo así el cielo os guíe, pero cuando volváis al valle, no dejéis de venir a verme y os daré mi corta ofrenda.

**ÓSCAR:**

—Ah, tal vez mil ojos no volverán a veros jamás.

*Se va acompañado por algunos aldeanos.*

# Escena 5

**PETERSON:**

—Hijos, antes de principiar la función preparad el festín en que celebremos la dichosa vuelta de nuestro virtuoso señor.

**TODOS:**

—Vamos todos.

**OBRAY:**

—Permite, amigo, que te deje un instante. Voy a dar parte de tu vuelta a los señores de estas inmediaciones. Quiero que su presencia solemnice tu himeneo.

*Se van todos.* EDGAR *le da el brazo a* CLARITA. RUTEN *la detiene.*

RUTEN:

—Hermosa Clarita, ¿queréis oírme un momento?

CLARITA:

—Señor, yo ya no soy mía. *(Mirando a* EDGAR*)*

RUTEN:

—Yo creo que vuestro esposo...

EDGAR:

—¿Cómo así, señora mía? Cuando el señor conde os hace el alto honor de... De este no tengo celos.

CLARITA:

—Pues aquí estoy para lo que gustéis mandar.

*Se van todos.*

## Escena 6

RUTEN:

—Acercaos un poco, hermosa novia.

CLARITA: *(Se retira)*

—Es que... no me atrevo.

**Ruten:** *(Con dulzura)*

—No tengáis recelo. Si supierais qué delirio siento al veros. Una fuerza irresistible me arrastra hacia vos. Yo me estremezco al pisar vuestras huellas y solo junto a vos respiro el aire de la dicha.

**Clarita:**

—¿Cómo, señor? ¿Es posible?

**Ruten:**

—¡Ah! Mi corazón solo ha palpitado por una mujer, ¿qué digo? Por una criatura celestial. Y vuestras facciones me recuerdan al vivo todas las suyas. Esta mañana mi corazón estaba oprimido por los pesares, la dulce llama del amor no ardía ya en mi alma. Esta tarde se ha vuelto a encender al fuego de vuestros ojos, esta tarde yo me abraso.

**Clarita:**

—¿Señor, y esa a quien amáis?

**Ruten:**

—Está muerta.

**Clarita:**

—¿Muerta?

**Ruten:**

—Y tú puedes hacerla revivir para mí.

**CLARITA:**

—¿Qué es lo que decís?

**RUTEN:**

—¡Ah, Clarita! ¿Sabes tú cuánta es la delicia de hallar el objeto querido?

**CLARITA:**

—Yo no he querido a nadie más que a Edgar.

**RUTEN:**

—Edgar. Cuán venturoso es y yo cuán desdichado. ¡Ah! ¿Por qué no ha permitido el cielo que yo te viera antes o, más bien, por qué lo ha permitido ahora?

**CLARITA:**

—Pues bien, no me miréis más, ni me volváis a ver y con eso no tendréis más que sufrir. *(Va a irse)*

**RUTEN:**

—Detente, Clarita, siquiera por un instante, consuélame de todo lo que he perdido. Déjame gozar de la dulce quimera de una felicidad que ya no existe, no me rehúses una ilusión y muera yo después.

**CLARITA:**

—Pero ¿qué es lo que queréis?

**RUTEN:**

—El más leve favor, una mirada… una sonrisa… una mano…

CLARITA:

—No, no puedo... ¡Ay, Dios! Si Edgar...

RUTEN:

—Daría toda mi existencia por sola una hora de tu amor. Ah. Si uno de mis suspiros pudiera llegar hasta tu corazón, tú me amarías.

*Le toma la mano.*

CLARITA:

—Señor, ¿qué hacéis? Soltad... ¿Qué es lo que pasa?

ÓSCAR *se asoma.*

ÓSCAR:

—Guárdate, joven casada,
del amor que causa la muerte.

CLARITA *arrojando un grito y poniéndose a correr despavorida.*

CLARITA:

—¡Ah!

RUTEN:

—El infierno me persigue... No huyas o tiembla.

CLARITA:

—Tened piedad, señor.

**RUTEN:**

—Nada escucho.

**CLARITA:**

—Ay, Dios mío.

**RUTEN:**

—Esas lágrimas que derramas son por mí.

**CLARITA:**

—No, señor, no lo creáis, no hago tal cosa.

**RUTEN:**

—Es en vano, mi vida depende de ti… esta noche piénsalo bien… Mi vida, vuelvo a decir, depende de ti y mañana soy feliz o muerto. Gente viene… silencio.

> *Le pone un bolsito en la mano que ella resiste a aceptar, pero al salir los otros se ve obligada a quedarse con él.*

## Escena 7

**PETERSON:**

—Señor, todo está ya pronto y cuando gustéis empezará la fiesta. Sir Obray no tardará en volver, pero ha mandado que por su ausencia nada se detenga.

**CLARITA:**

—Yo no sé lo que pasa acá dentro... *(Volviendo los ojos a* RUTEN*)* de mí... se me figura que no tengo el alma lo mismo que antes.

**EDGAR:**

—Querida Clarita, o mi ojo me ha engañado o hace poco que has llorado.

**CLARITA:**

—No, te aseguro que no.

**PETERSON:**

—Vamos, señores, cada cual a su lugar.

*Da palmas y comienza el baile.*

*PETERSON y los demás se sientan a la mesa. RUTEN se rehúsa: algunas aldeanas le presentan frutas y refrescos que agradece sin aceptar. A la obertura del baile CLARITA se va seguida de alguna de sus compañeras. RUTEN aprovecha un momento en que EDGAR sirve de beber a un convidado y desaparece en busca de CLARITA, continúa el baile, pero EDGAR notando bien pronto la falta de su novia sale precipitadamente a buscarla. Sigue el baile. Sale OBRAY y poco después se oyen gritos dentro.*

# Escena 8

*Dichos,* Obray *y* Clarita *huyendo en el mayor desorden.*

Clarita:
—¡Dejadme! ¡Padre mío, defendedme!

Peterson:
—¡Gran Dios… hija mía!

Obray:
—¿Qué es lo que sucede? ¿Y Ruten?

*Sale* Ruten *huyendo de* Edgar *que lo persigue.*

Edgar:
—¡Muere, infame! *(Le dispara una pistola)*

Ruten:
—Ay de mí. Yo muero.

*Movimiento general.* Clarita *cae desmayada.*

Obray:
—Un asesinato. *(Saca la espada y* Peterson *le contiene)* ¡Cobarde, en tu sangre he de lavar…!

Peterson:
—Edgar, ¿qué es lo que has hecho?

**EDGAR:**

—Padre... Milord, deteneos, no me acuséis. ¡Mirad a Clarita! El monstruo quería deshonrarme.

**TODOS:**

—¿Es posible?

**RUTEN:**

—¡Obray!

**OBRAY:**

—Oh, Dios, aún respira... ¡Amigo!

*Todos hacen un movimiento para acercarse. Empieza a oscurecer.*

**OBRAY:**

—Idos, idos de aquí. ¿Queréis arrancarle el último suspiro? Retiraos al punto.

*PETERSON los hace retirar a todos y se queda solo un poco apartado.*

**OBRAY:**

—¡Amigo! ¡Hermano!

**RUTEN:**

—No te aflijas, Obray, el último soplo de mi vida está próximo a exhalarse.

**OBRAY:**

—No, yo quiero conservarla.

**RUTEN:**

—Conozco que es inútil cualquier socorro, solo exijo de ti una promesa. Es la última y no puedes negármela.

**OBRAY:**

—¡Ah! Pide, toma mi vida que sin ti no podré soportar.

**RUTEN:**

—Amigo, por solo doce horas te pido el más profundo secreto.

**OBRAY:**

—¿Por doce horas?

**RUTEN:**

—Dame palabra de que Malvina no sabrá nada de todo lo que me ha sucedido y que, por tu parte, no intentarás nada en venganza de mi muerte hasta que no suene la primera hora de la noche. Jura el secreto sobre este corazón que va a expirar.

**OBRAY:**

—Yo lo juro.

*Desde que se fueron los aldeanos ha ido oscureciendo por grados y en el fondo se ha ido viendo la luna entre las nubes. Al pronunciar* RUTEN *las últimas palabras se la ve despejada.*

RUTEN:

—Obray, el astro de la noche brilla a mis ojos con su resplandor suave. Deseo verla y dirigir al cielo mis últimas plegarias.

*Deja caer la cabeza.* OBRAY *ayudado de* PETERSON *coloca a* RUTEN *en el peñasco del fondo. Le aprieta la mano y se va conducido por fuerza de* PETERSON. *Al punto se ve alumbrar a la luna enteramente el cuerpo de* RUTEN *y las nubes de las montañas y cae el telón*

**Fin del Acto II.**

# Acto III

*El teatro representa un gran vestíbulo gótico: en el fondo la puerta de la capilla. A trechos lámparas colgadas, se notan preparativos de fiesta.*

## Escena 1

**Scopp:** *(Sale atisbando)*

—¿Con que este es el vestíbulo de la capilla donde se ha de celebrar el casamiento de la bella Malvina y el milord Ruten? Pues, señor, como no me han convidado a la fiesta, quería ver por lo menos los preparativos. *(Se acerca a la puerta de la capilla)* ¿Cuánto va que está cerrada la puerta? Pues ya era hora de que no lo estuviese. Pues ya se ve que aquí todo anda desordenado. Si una región de diablos se hubiese desatado, era imposible que hubiera en el castillo mayor confusión. Uno gime, otro se lamenta. Por todas partes sustos, temores, apariciones, desapariciones. Ya el lord es muerto, ya es vivo, ya hombre de carne y hueso, ya espectro, ya fantasma. *(Receloso)* Ay, Dios me libre de hallarle. Si le encontrase, me moría de repente porque… vamos, digan lo que quieran es imposible que sea cosa buena. Calla, y ahora se me ocurre una idea… estamos en un sitio tan misterioso, quién sabe si no será uno de esos que llaman vampiros…

Ruten: *(Fuerte desde dentro)*
—¡Scopp!

Scopp: *(Volviéndose a mirar a un lado y a otro, como asustado)*
—¡Cielos! ¿Qué oigo? ¡Qué voz de trueno!

Ruten: *(Saliendo por la izquierda)*
—¿Qué has pronunciado miserable?

Scopp:
—Ay, señor milord Ruten, *(Arrodillándose)* perdone vuestra excelencia, yo... *(Dándose golpes en el pecho)* pésame, sí, señor, pésame humildemente haber dicho, haber pensado, haber imaginado...

Ruten:
—Basta. ¡Ay de ti si te atreves otra vez a propalar tus sospechas! *(Scopp mira a uno y otro lado como buscando ocasión para marcharse)* Detente, dime cómo pudiste concebirlas.

Scopp: *(Con miedo, pero afectando serenidad)*
—Que, si no las he concebido, no señor. Las he echado así, buenamente sin concebirlas. Estaba diciendo a Clara, a Pepa, a Antonia. Estaban aquí, sí, señor, sino que se han marchado, que los vampiros, los vampiros, mire vuestra excelencia, *(Ponderativo)* son unos entes que están muertos para el mundo, o que todo el mundo cree muertos, y chupando la sangre de los vivos se ponen ellos tan gordos y tan rollizos.

**Ruten:** *(Cogiendo a* Scopp *por el cuello)*

—¿Qué es lo que te atreves a decir?

**Scopp:** *(Temblando)*

—Señor, por Dios, si yo… no digo nada, nada… *(Mirando si halla ocasión de escapar)* ¿Quién me diera escapar? No señor, nada, si es una fábula. Pero, mire, vuestra excelencia, señor milord, algunos ejemplos se podrían estar en el mundo que haría ver que no es tan quimérico ese personaje. Por lo menos, los seductores de las tiernas esposas son otros tantos vampiros que causan con su amor la muerte del honor de ellas y del de sus maridos.

**Ruten:** *(Según lo tiene asido le da un empellón le deja caer y se va por la derecha)*

—Teme la muerte si otra vez te atreves a pronunciar semejante palabra.

**Scopp:** *(En el suelo cubriéndose la cabeza con las manos)*

—Ay, ay, no me matéis: piedad, misericordia. *(Levantando la cabeza con cuidado y mirando a los lados)* Yo os juro que… pero se marchó. *(Se levanta y haciendo alguna pausa vuelve a mirar en rededor de sí)* A la verdad que soy un tonto en tenerle tanto miedo, porque aunque sea… vampiro *(Antes de pronunciar esta voz vuelve la cabeza en derredor de sí y al pronunciarla lo hace en voz baja, agachándose y alargando el cuello hacia el teatro)* dicen que a ellos les gusta solo chupar a las doncellas y a mí no me habría de chupar pues, porque no soy una doncella. Con todo, vámonos por si van maldadas, ya que he escapado de esta. Yo le aseguro que le ha de costar trabajo el volverme a echar la vista encima. *(Vase por la izquierda)*


## Escena 2

Brígida y Óscar.

**Brígida:**

—Ya estamos solos. Acercaos, buen viejo, nadie nos oye. Me han dicho que tenéis virtud para conjurar espíritus y adivinas lo porvenir.

**Óscar:**

—No os han engañado.

**Brígida:**

—Siendo así, ya sabéis por qué he querido hablar con vos a solas.

**Óscar:**

—Sí, para tranquilizar una inquietud sobre la suerte de vuestra ama querida.

**Brígida:**

—Pues decidme sin tardanza todo lo que sepáis.

**Óscar:**

—Escuchad. Antes que la aguja señale la primera hora de la

tarde, alejad a miss Obray de este castillo donde la amenaza un gran peligro.

**BRÍGIDA:**

—¡Ay, Dios! Con el miedo que yo tenía, era un aviso del cielo.

**ÓSCAR:**

—La inocencia y la hermosura no tienen aquí asilo. Esta tierra está habitada por seres formidables. En las montañas de Staffa abundan los prodigios.

**BRÍGIDA:**

—¡Válgame Dios! Toda estoy temblando. Y mi amo que hace burla de estas cosas.

**ÓSCAR:**

—Se acerca el momento en que recibirá un castigo tremendo por su incredulidad.

**BRÍGIDA:**

—¿Qué dices? ¿Le matarán?

**ÓSCAR:**

—No. Bien pronto lo veréis, pero os costará trabajo el conocerlo. Su agitación será semejante a la de un insensato, oprimido y angustiado por una horrorosa incertidumbre, y sus palabras no podrán entenderse. Por estas señales conocerás la verdad de mis consejos.

BRÍGIDA:

—¿Y cómo lo hemos de hacer si hoy mismo va a celebrar su boda con Ruten?

ÓSCAR:

—Todo su peligro cesará en el instante mismo en que el reloj del castillo dé la una.

BRÍGIDA:

—Gente viene. Retiraos, no sea que nos encuentren aquí solos. Yo prometo seguir vuestros consejos; pero no os vayáis, por Dios, del castillo. Os preciso que me expliquéis claro estas cosas tan espantosas. Ya nos veremos luego.

ÓSCAR:

—No me iré.

BRÍGIDA: *(Sola)*

—¡Ay, qué profecías las de este hombre! Temblando estoy como la hoja en el árbol. Ya sabe. Sir Obray y milord nos dejan solas en este castillo y esa es a la cuenta la causa del gran peligro.

*Entra* MALVINA.

MALVINA:

—Brígida, yo te buscaba para hacerte partícipe de mi alegría.

**BRÍGIDA:**

—No me parece, señorita, que la alegría es muy del caso estando ausente sir Obray y...

**MALVINA:**

—Ruten acaba de decirme que mi hermano llegará al instante.

**BRÍGIDA:**

—¡Pues qué! ¿Milord está aquí?

**MALVINA:**

—Hace muy poco que, abriendo la ventana que da al jardín, lo vi cogiendo estas flores. Así que me vio, vino a ofrecérmelas y hemos quedado en que vendrá a reunirse conmigo para la ceremonia que desea con impaciencia terminar porque enseguida es preciso ponernos en camino para Londres.

**BRÍGIDA:**

—¿Esta mañana misma? ¡Bendito sea Dios!

**MALVINA:**

—Cierto, me ha explicado el motivo de este viaje tan repentino. Informado de que el rey le espera para casarle con una dama de la corte que no le gusta, no ha encontrado otro medio de sustraerse a la orden que el de presentarme al monarca con el título de esposa.

**BRÍGIDA:**

—¿Y echamos a correr esta mañana? *(Aparte)* Ya tenemos

un buen motivo para escapar y con eso nos ahorramos calentarnos la cabeza en buscar otro. Pues démonos prisa, señora, porque estoy rabiando por salir de este castillo. Si me quedara más, yo creo que me moría.

MALVINA:

—¿Tan disgustada estás?

BRÍGIDA:

—¡Válgame el cielo! Habéis de saber que... pero no, si supierais, pero si es imposible. Mas voy corriendo a tenerlo todo a la vela para el viaje. Alguno viene, sin duda es vuestro hermano. Procurad que abrevien la ceremonia. Vuelvo al instante, señorita, vuelvo al instante.

## Escena 3

*Dicha y* OBRAY.

MALVINA:

—¿Hermano, has encontrado a milord?

OBRAY:

—¿Milord? ¡Ay, infeliz!

MALVINA:

—¿Qué tienes? ¿Qué te ha sucedido que estás tan triste?

**OBRAY:**

—¿A mí? Nada. *(Aparte)* ¿De qué medios me valdré para darle tan infausta nueva?

**MALVINA:**

—Todo está ya dispuesto para el casamiento. Milord te habrá informado sin duda de las razones que le obligan a salir para Londres esta mañana mismo. ¡Al punto me sobresaltó tanta prisa, pero si tú quisieras acompañarnos… qué viaje haríamos tan delicioso! Pero tú no me escuchas, tú suspiras. ¿Qué tienes?

**OBRAY:**

—Hermana mía, no pensemos ya en esa unión.

**MALVINA:**

—¿Cómo? ¿No eres tú mismo el que la ha formado? ¿Te has retractado tal vez sin contar conmigo?

**OBRAY:**

—No consiste en mí, sino en Ruten… Ayer tarde…

**MALVINA:**

—No hace un instante que juraba puesto a mis pies un amor eterno y me pedía apresurase nuestro enlace.

**OBRAY:**

—¡Cómo! ¿Qué es lo que dices? *(Atónito)* ¡Hermana, estás en ti?

**MALVINA:**

—¿Tan extraño es lo que cuento?

**OBRAY:**

—¿Ruten, dices, te hablaba hace poco?

**MALVINA:**

—¿De qué nace esa admiración? ¿Qué discurres? ¿Qué nuevo proyecto es el tuyo? ¡Habla, explícate!

**OBRAY:**

—¡Yo, que he visto morir al sin… ventura!

**MALVINA:**

—En fin…

**OBRAY:**

—¡Qué! ¿Los sepulcros arrojan de su seno a sus habitadores?

**MALVINA:**

—Pero, hermano mío, ¿qué confusión es la tuya? Por piedad, entérame de todo.

**OBRAY:**

—Pues bien, ármate de todo tu valor.

**MALVINA:**

—¡Dios mío! ¡Tú me llenas de temor! Mas, ¿cuánto tarda milord!

OBRAY:

—Por fin, puesto que es preciso resolverme a llenar tu corazón de amargura, sabe que todos mis proyectos se han des-
vanecido. Un lance horroroso nos priva a mí de un amigo y
a ti de un esposo. El desventurado Ruten…

> RUTEN *se ha ido acercando lentamente y al pronun-*
> *ciar* OBRAY *su nombre, le ase del brazo y le dice con*
> *voz lúgubre.*

RUTEN:

—Recuerda tu juramento.

> OBRAY *retrocediendo espantado.*

OBRAY:

—¡Oh, Dios!

MALVINA:

—Ahí lo tienes…

OBRAY:

—¡Ese es un espectro! Una sombra engañosa… mi amigo ya
no existe.

RUTEN:

—Obray, vuelve en ti, yo te lo pido en nombre de la amistad.

OBRAY:

—Ruten ha recibido un golpe mortal a mi vista… tú no eres

Ruten... ¿Dónde está tu herida...? ¿Aún vierte sangre...? Enséñala...

**MALVINA:**

—El infeliz ha perdido la razón.

**RUTEN:**

—Amigo mío, mírame... dame la mano... apriétala... yo soy Ruten.

**OBRAY:**

—Huye de esta fantasma, hermana mía, líbrate de la persecución de este monstruo. Te dirá que es tu esposo... no admitas juramento... ese enlace es un crimen horrible.

**RUTEN:**

—Qué delirio tan extremado. ¡Hola! ¿Scopp, Brígida, Roberto?

**OBRAY:**

—Créeme, hermana, el esposo a quien yo te destinaba se perdió para ti... esta noche Edgar... lo sorprendió con su prometida esposa...

**RUTEN:**

—¡Obray, tu juramento!

## Escena 5

RUTEN *les hace señas de apoderarse de* OBRAY, *los criados le obedecen.*

**OBRAY:**

—¿Qué me quieres? ¿Por qué me sujetáis miserables?

**RUTEN:**

—Su situación reclama pronto socorro.

RUTEN *les hace entender por señas a los criados que* OBRAY *está demente.*

**OBRAY:**

—Hermana, jura conservarte libre hasta el momento en que el bronce dé la una.

**RUTEN:**

—¡La una! *(Aparte y alterado)* Amigos, conducidlo a su aposento y dadle todo género de auxilio.

**OBRAY:**

—Hermana, antes de una hora…

**MALVINA:**

—¡Oh, Dios todo poderoso! Pobre hermano mío.

*Pantomima durante la cual se llevan a* OBRAY.

# Escena 6

RUTEN *y* MALVINA.

**RUTEN:**

—Querido Obray, desgraciado amigo.

**MALVINA:**

—Su estado me sobresalta. ¿Qué queréis decir?

**RUTEN:**

—Cuánto me compadece verlo sujeto…

**MALVINA:**

—Explicaos más.

**RUTEN:**

—Muchas veces lo he presenciado durante nuestros viajes. Bien sabéis que su alma es susceptible de impresiones fuertes y su imaginación se alimenta con pensamientos exaltados que muchas veces desordenan su razón.

**MALVINA:**

—¿Lo creéis?

**RUTEN:**

—Yo os lo aseguro.

**MALVINA:**

—Bien necesito que vos lo afirméis porque todo lo que decía es tan admirable y cruel... ese enlace es un crimen horrible.

RUTEN:

—Malvina, debéis desechar ideas.

MALVINA:

—Perdonad, Obray ha hecho conmigo veces de padre y yo tengo por él todos los sentimientos que pueden inspirar la naturaleza y la gratitud.

RUTEN:

—Estoy muy lejos de desaprobarlo, pero en fin, Malvina, si me amáis...

MALVINA:

—Ah, cuán desgraciada me juzgaría si lo dudarais.

RUTEN:

—Pues bien, querida Malvina, de tu amor depende mi reposo, mi dicha, mi suerte, de tu amor depende mi vida. Júrame desechar vanos temores y ser mía y de nadie más, sino mía.

MALVINA:

—Yo lo juro por el Dios poderoso que lee en mi alma.

RUTEN:

—¡Oh, ventura! Ya está hecho, recibe el anillo santo que te liga para siempre.

**MALVINA:**

—Yo lo acepto. *(Le alarga la mano)*

**RUTEN:**

—¿Te estremeces? ¿Qué tienes? *(Con sonrisa forzada)*

**MALVINA:**

—Yo no sé qué sensación desconocida me conmueve… siento una agitación tan dolorosa… mis ojos se inundan de lágrimas, mi corazón se destroza y en mis oídos resuenan aquellas palabras: «Hermana mía, a la una sabrás el fatal secreto».

**RUTEN:**

—¡Dios, si dará la hora! *(Aparte y alterado)* Malvina, yo te lo ruego, no pienses en esos vanos abortos de una imaginación acalorada. Démonos prisa a consagrar los vínculos que nos unen. Todo debe estar dispuesto para la ceremonia. No olvides que me has prometido… no te ausentes mientras vuelvo a conducirte al altar.

> *Se va precipitadamente y encuentra a* BRÍGIDA *a quien manda por señas no pierda de vista a su ama.*

# Escena 7

MALVINA *y* BRÍGIDA *sobrecogida de la mirada de* RUTEN*, se vuelve a mirarle.*

MALVINA:

—La proximidad de esta ceremonia *(Distraída)* me causa una extrañeza penosa. Apenas respiro… este instante va a decidir mi suerte, si seré feliz, el corazón me lo presagia.

BRÍGIDA:

—Pobre señorita, que ensimismada está. Ya se ve, eso es cosa natural.

MALVINA:

—Sin duda seré feliz.

BRÍGIDA:

—Yo no sé, pero tal hombre de algún tiempo acá tiene una cara… la más particular.

MALVINA *continúa distraída.* BRÍGIDA *tose para llamar su atención.*

MALVINA:

—Ah, eres tú, querida Brígida.

BRÍGIDA:

—Yo no me atrevía a hablaros, pero decidme, señorita, ¿qué zambra es la que anda en este castillo? ¿Qué le ha sucedido a mi amo?

MALVINA:

—Triste de mí, no lo sé.

BRÍGIDA:

—Él se deshace, corre, se para, habla de vos... vamos, está como si le dieran raptos de locura... De verdad, señorita, ¿queréis que os diga lo que pienso? Para mí que tiene algún demonio en el cuerpo.

MALVINA:

—No pienses en eso.

BRÍGIDA:

—¡Hum, hum! ¡Vos no lo creéis! Pero... en fin, yo me alegraré de llevarme perro. Pero mucho me huele... mi pobre amo... Lo que me desconsuela es que no hay quien pueda con él... una prisa por salir... y tan poca paciencia... Los minutos se le hacen siglos.

MALVINA:

—Y esperaba que diera la una.

BRÍGIDA:

—Mucho me temo que no acabemos el día con bien.

MALVINA:

—¿Cómo, Brígida, el día de mis bodas?

**BRÍGIDA:**

—Perdonad, mi querida señorita, yo os entristezco... perdonad, yo no sé lo que me digo, no hagáis caso ninguno de mí.

*Música seria que anuncia la ceremonia.*

## Escena 8

*Dichas y* RUTEN.

*El fondo del teatro se abre, esto es el pórtico grande y descubre la capilla iluminada por los criados. Colocan almohadones. Algunos de rodillas, a la derecha y a la izquierda, forman un cuadro sombrío.*

**RUTEN:**

—Venid, señora, venid a completar mi dicha.

**MALVINA:**

—Ya os sigo, señor.

**BRÍGIDA:**

—¿En qué vendrá a parar esto, Dios mío?

RUTEN *con la mayor impaciencia dice*

**RUTEN:**

—¿Qué tardanza es esta? Venid, Malvina. El cielo aguarda vuestro juramento.

*Dentro ruido y voces de* OBRAY.

**OBRAY:**

—¡Hermana, hermana!

## Escena última

*Los mismos y* OBRAY *seguido de los criados a quienes rechaza. Todos se detienen al verlo.*

**RUTEN:**

—¡Qué veo, Obray!

**OBRAY:**

—Dejadme, dejadme... ¡Hermana! ¿Dónde está? ¿Queréis sacrificarla?

**MALVINA:**

—¡Hermano!

**OBRAY:**

—¡Ah! ¿Existís? ¡Escuchadme, no sigáis, mira que te arrastra al sepulcro! Ese sacerdote es un ministro de la muerte, esas antorchas son blandones fúnebres.

**RUTEN:**

—Sígueme, Malvina... *(Furioso)*

**OBRAY:**

—Bárbaro, yo la defiendo, tú no tienes derecho alguno sobre ella, yo soy su hermano.

**TODOS:**

—¡Señor! ¡Señor! *(a* RUTEN*)*

**RUTEN:**

—Nada escucho, esta mujer es mía y ese furioso quiere arrebatármela.

**MALVINA:**

—¡No, no!

**RUTEN:**

—¿No estáis viendo que delira?

**OBRAY:**

—Te engañas, de aquí a un instante la hora dará y quedaré libre del juramento y entonces todo lo diré. *(Detiene a* MALVINA*)*

**RUTEN:**

—Miserable de ti si pronuncias una sola palabra. *(Quiere llevarse a* MALVINA*, esta resiste y entonces saca un puñal)*

**OBRAY:**

—Antes verterás toda mi sangre.

RUTEN:

—Pues bien, los dos moriréis.

*Reloj.*

*Se encamina a herir a* OBRAY, *suena la una. Cae* MALVINA *desmayada en brazos de* BRÍGIDA *y se oye un trueno.*

RUTEN:

—¡La nada, la nada!

*Deja caer el puñal y procura huir. Salen sombras de la tierra y se apoderan de él. Aparece el ángel exterminador en una nube, cae un rayo y las sombras se hunden con* RUTEN. *Lluvia de fuego. Cuadro general.*

*Se hunde el general con los muertos. Sube el ángel.*

**Fin del melodrama**

# Epílogo

El 19 de noviembre de 1821 el *Diario de Madrid* recogía la siguiente información:

«La fingida historia de los vampiros, resucitada en nuestros días por la célebre novela escrita por Lord Byron, ha dado argumento a un melodrama que no solo obtuvo un sinfín de representaciones en París, sino que, repetido en Londres y demás capitales de Europa ha interesado siempre, a pesar de la extravagancia que encierra en sí su supersticioso argumento. La empresa ha creído complacer al heroico pueblo de Madrid presentándole este espectáculo que (aunque no corresponda al género clásico) está casi segura de que le agradará por su novedad e interés. Sabido es que la mayor parte de nuestra Europa y particularmente la Alemania adoleció hace tres siglos de la preocupada creencia en la resurrección de los vampiros y fue necesario que las autoridades decretasen hasta informaciones jurídicas sobre los mismos terrenos en que se decían habían aparecido los vampiros para que se fuesen desengañando aquellas buenas gentes a lo que no contribuyeron poco varias bulas pontificias, dirigidas al mismo objeto. Decían entonces que los vampiros eran de una especie particular; que preveían su muerte; que atrasaban la terrible hora cuando lograban chupar la sangre de alguna doncella en vísperas de casarse; que si morían podían resucitar por el mismo medio; que si dejaban pasar el término fatal, luego no alcanzaban jamás aquel beneficio y, en fin, muchos otros disparates que, junto con los inventados por Lord Byron, han proporcionado al autor del melodrama los medios de unir lo verosímil con lo maravilloso. La empresa, tanto en la repartición de papeles como en la decoración del espectáculo, no ha perdonado fatiga ninguna para que su representación sea, sino útil e instructiva, agradable y variada a lo menos. Esta función se ejecutará en el teatro de la Cruz a la mayor brevedad».

Y es que la versión española de *El Vampiro* se representó en Madrid desde 1821 en diversas ocasiones a lo largo del siglo XIX. Traducida, adaptada y musicalizada por Esteban Moreno la obra tuvo cierto éxito y permitió al actor Juan Carretero ser el primer galán en encarnar a un vampiro sobre los escenarios españoles. La representación ofrecía numerosos efectos y tramoya que anticipaba el teatro de magia que se hizo tan popular en los años posteriores a la llegada de Juan de Grimaldi a Madrid.

La versión española del melodrama francés presenta pocas diferencias con el original de Nodier. Se adaptan los nombres, se suprimen algunas frases o se añaden párrafos mínimamente. En los dos manuscritos que se conservan en el archivo de la Biblioteca Histórica Municipal de Madrid podemos ver las correcciones, tachaduras y añadidos que, sin duda, se hicieron durante los ensayos del melodrama. Y se aprecian algunas modificaciones, pequeñas, entre ambos manuscritos. La obra había pasado la censura al tratarse de un texto destinado al entretenimiento. Los personajes y hechos fantásticos que se narraban estaban a gran distancia del pueblo madrileño. Ni amenaza moral ni crítica política, nada de esto vieron los censores de la época.

La crítica alabó la representación y al elenco de actores, en especial a Juan Carretero. En una reseña aparecida el 23 de diciembre de 1821 en *El Universal* se podía leer:

«La ejecución de la quisicosa es mucho mejor de lo que merecía el asunto. Carretero desempeña perfectamente su papel, y se ha notado que este apreciable actor pudiera agradar en todos los géneros, si como se ha dedicado con preferencia a cultivar las gracias de Talía, se hubiera querido introducir en el suntuoso templo de Melpómene. En efecto, sabe ponerse con maestría de los sentimientos que conviene expresar: tiene gesto trágico, una acción natural y en toda la pieza manifiesta aquella inquietud que debe agitar a un ente de cualquiera especie, cuando ve llegar de un instante a otro el fin de su existencia».

Juan Carretero nació en Córdoba en 1760 y contaba ya con 60 años cuando encarnó a Lord Ruten en el teatro de la Cruz. Para que los lectores puedan ponerle rostro, les invitamos a buscar su imagen en un retrato del Museo del Romanticismo que se conserva en el Museo del Teatro de Almagro, y que data de 1803. Juan Carretero falleció en 1829 sin haberse jubilado.

En los periódicos del momento se hacían eco del reparto y del argumento de la obra, destacando siempre lo inverosímil de creer en tales criaturas, recordando la epidemia de vampiros que asoló Europa en los siglos pasados y atribuyendo, erróneamente, a Byron la novela que da título al melodrama que, como ya se ha comentado en el prólogo es obra de Charles Nodier.

Junto a esta versión, convivieron en el siglo XIX otras obras teatrales que fueron derivando hacia la comedia de costumbres y que, por tanto, se alejaban de la historia gótica, de terror, de la novela de Polidori. Una de ellas fue la de Scribe, también francés, que llevaba el título de *El vampiro, una comedia en un acto* y que mereció una reseña demoledora por parte de Larra.

A finales del XIX, en 1889, todavía se hablaba de *El Vampiro* en los periódicos españoles, pero ya no en su adaptación teatral sino en la versión operística, aunque seguían atribuyéndola a Lord Byron (véase *El Imparcial* de 12 de noviembre de 1898). La ópera *Der Vampyr* fue compuesta por Henry Marschner en 1828 y llegó a ser dirigida por Wagner en la década posterior.

El recorrido del personaje creado por Polidori desde 1819 hasta finales del XIX es rastreable no solo en la literatura como vemos. Su influencia es indiscutible tanto en autores europeos como americanos y gracias a su novela y a la versión teatral de Nodier, en el Madrid de principios de siglo, el público pudo asomarse al fenómeno del vampirismo que cautivaría desde ese momento a millones de personas que hoy en día siguen acudiendo a los cines para disfrutar de esa mezcla de terror y atracción que suscitan los No Muertos.

La editora

**Bibliografía**

Fuentes y Espinosa, Carlos: «Der Vampyr de Heinrich Marschner», *Pro Ópera*, septiembre 2014.

Lucendo Lacal, Santiago: «Vampiros en Madrid. Juan Carretero y las adaptaciones de The Vampire», *Brumal*, 2020, vol VIII, n.2.
   - «La cultura del vampiro en el siglo XIX español», *Siglo diecinueve*, 2024, vol. 30.

Desembarca un vampiro
en Deméter, y no podía ser
en otro lugar. Ha cruzado
océanos de tiempo para
llegar a ti, lector.

Otoño 2025.